LA MORT
DE
VOLTAIRE.
ODE.

Erit mihi magnus Apollo.
VIRGIL.

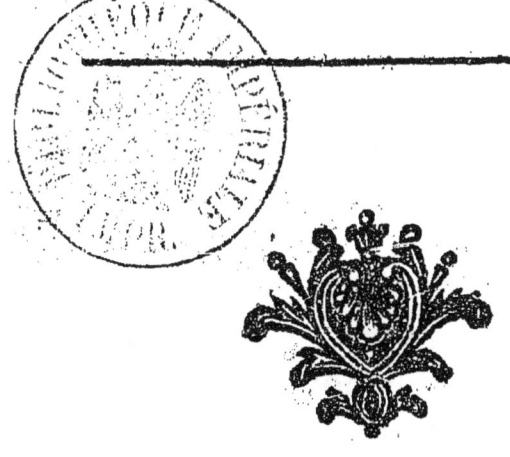

A GENEVE.

AVERTISSEMENT.

LA mort de M. DE VOLTAIRE n'est point un de ces événemens dont une Ville ou une Province s'entretient un jour ou deux, & qui sont bientôt effacés par d'autres événemens passagers oubliés à leur tour. C'est un malheur de tous les temps & de toutes les Nations. Elles l'ont inscrit dans tous leurs fastes, & les hommes éclairés ne l'y reverront jamais sans être vivement touchés de cette perte irréparable, & sans gémir sur le sort de l'humanité. Le plus beau privilége du génie est d'être également cher à sa Patrie & aux Etrangers, & d'exciter par-tout les mêmes regrets, quand les Loix irrévocables de la Nature l'enlèvent au monde qu'il éclairait. Qui peut douter que la perte d'un NEWTON, par exemple, n'ait été aussi sensible à toute l'Europe qu'à l'Angleterre ? Et ne déplorons-nous pas encore avec les Suédois, la mort du célèbre LINNÉE, surnommé *le Pline du nord* ? M. DE VOLTAIRE, d'un mérite plus universel, a vu l'Europe adopter ses principes de morale, de charité, de tolérance, si directement utiles aux hommes, comme elle avait adopté en Physique & en diverses branches de l'Histoire Naturelle, les principes de NEWTON & de LINNÉE. Ce grand Poëte, également distingué dans la Littérature, l'Histoire & la Philosophie, ce Législateur du goût, ce modèle des hommes aimables dans la Société, cet homme d'Etat dans le cabinet des Ministres, était véritablement embrasé de cette passion respectable, si bien nommée par CICÉRON : *caritas humani generis*. Cet ardent amour de l'humanité, cette bienveillance active pour tous ses semblables, dont il n'eut voulu composer qu'un peuple de frères, malgré la multitude & la diversité de leurs opinions & de leurs usages, caractérisent tous ses écrits. Il n'est donc pas étonnant que tant de Nations divisées d'intérêts, ou rivales acharnées se déchirant par des guerres interminables, ne se rapprochent que pour rendre hommage au génie, & gémissent ensemble de la mort de leur bienfaicteur.

Cette mort, si fatale en elle-même, fut plus frappante encore par les circonstances qui l'accompagnèrent. On sait que M. DE VOLTAIRE, de retour à Paris, après une absence de près de trente années, y fut accueilli de la Nation avec les démonstrations de la joie la plus vive, & même avec un enthousiasme que tant de services rendus à l'humanité, & d'excellens Ouvrages en tout genre, ont assez justifié aux yeux de l'Europe entière.

Ses succès littéraires avaient été d'autant plus glorieux, qu'ayant annoncé presque au sortir du Collége un mérite fort extraordinaire, il se vit, dès l'entrée de sa carrière jusqu'à ses derniers jours, en but aux ligues, aux cabales toujours renaissantes de la médiocrité jalouse, de la basse envie, de l'ignorance & du mauvais goût, ennemis naturels du talent supérieur qui les offusque.

On ne peut changer la nature des choses. C'est le sort du Frêlon de persécuter l'Abeille & de vivre à ses dépens ; c'est celui de l'Ortie & du Chardon de faire des piquures envenimées, mais peu dangereuses, & d'être la pâture des Anes ; comme le sort du Laurier & de la Rose est de couronner les grands Hommes, & de parer le sein des belles. Il y aura toujours des Chardons & des Frêlons sur la Terre, mais ils ne parviendront point à étouffer la race des Fleurs & des Abeilles. M. DE VOLTAIRE, très-convaincu de ces vérités, n'était point retenu par de si méprisables obstacles, &

quelquefois seulement, il les écrasait, comme par mégarde, en poursuivant à grands pas sa route vers le Palais de la Gloire.

Il eut à combattre des ennemis plus dangereux, & sur-tout une foule d'hommes attachés dès l'enfance à ces Sectes rivales & irréconciliables, qui firent autrefois tant de bruit, & qui sont heureusement anéanties aujourd'hui, peut-être parce qu'il osa le premier, il y a cinquante ans, les couvrir toutes deux d'un ridicule ineffaçable. De tels ennemis étaient d'autant plus à craindre, qu'ils osaient envelopper leur vengeance & leur haine du manteau respectable de la Religion. Sa fermeté déconcerta leurs efforts, & ils n'eurent pas le plaisir de joindre cette grande victime à toutes celles qu'ils avaient immolées.

S'il obtint tant de fois les suffrages unanimes du Public, ce n'est donc point par séduction ou par surprise, comme on l'a dit si souvent & avec tant d'ineptie. Pouvait-il se flatter de fasciner les yeux de ses Juges, devant lesquels les plus légers défauts étaient sans cesse exagérés par des ennemis de toute espèce, qui en supposaient même où il n'y en avait pas ? Le Public, plus judicieux & plus impartial, dédaigna les cris de tous ceux qui voulaient faire partager à M. DE VOLTAIRE leur opprobre & leur honte, & ne cessa, pendant plus de soixante années, d'ajouter de nouveaux lauriers à la couronne de cet homme illustre.

Ses derniers jours, les plus beaux qu'aucun homme de Lettres ait jamais eu, terminèrent dignement une vie si glorieuse. Les honneurs, jusqu'alors sans exemple, qui lui furent décernés à l'Académie, au Spectacle; les acclamations & le concours de tout un peuple attiré sur ses pas & empressé de jouir un moment de sa vue; l'accueil distingué que lui fit ce qu'il y a de plus grand & de plus éclairé dans la Nation; les hommages des Ecrivains & des Artistes, seront une époque bien remarquable dans l'Histoire de la République des Lettres. Tous les bons Français durent se féliciter de cet événement; mais quelles furent leur surprise & leur douleur, en apprenant que M. DE VOLTAIRE, qui venait d'expirer, avait été transporté furtivement hors de Paris, de peur qu'il ne fût insulté par des hommes féroces & barbares; que les honneurs funèbres & même la sépulture lui avaient été refusés; qu'à peine il était permis aux Gens de Lettres de verser en secret une larme généreuse sur son sort, & qu'il leur était même défendu d'annoncer aux Français leur perte & celle de toute l'Europe, tandis que les plus méprisables faiseurs de Libelles & de Satyres, pouvaient en toute liberté exhaler leurs poisons sur les restes de ce grand homme? C'est ce que la postérité aura peine à croire, & ce qui a fait naître les Vers qu'on va lire. Rien n'était sans doute plus singulier que de voir les Muses étrangères répandre à l'envi des fleurs sur la Tombe de M. DE VOLTAIRE, & les Muses Françaises rester près d'une année dans un silence profond & déshonnorant pour elles, s'il avait été volontaire. S'il n'a été que l'effet de la contrainte, nos neveux ne chercheront pas moins à en pénétrer les motifs; il me semble les entendre s'interroger & dire:

» A-t'on pu, dans ce siècle éclairé, avoir
» assez de condescendance pour une
» classe de Citoyens, moins à craindre
» que jamais, jusqu'à se mettre en con-
» tradiction avec soi-même, & se voir
» exposé aux reproches les plus sensibles
» & peut-être aux sarcasmes de toute
» l'Europe? Ou bien a-t'on craint que
» les honneurs rendus à un simple parti-
» culier, n'ébranlassent les Trônes &

» les Dominations ? La gloire d'un
» Poëte aurait-elle offufqué les Cou-
» ronnes ? Son éclat a-t'il donné de
» l'ombrage aux Puiffances ? Ont-elles
» pu en être jaloufes ? »

Rien de tout cela n'eft afsurément vrai-
femblable, & s'il pouvait y avoir quelqu'ombre de vérité dans de telles con-
jectures, ce trait ne ferait pas le moins
étrange ni le moins beau, peut-être, de
l'Hiftoire d'un Auteur.

Au refte, les motifs de ce filence
extraordinaire, quelqu'ils aient été, fe
font affaiblis par le temps, ou l'on en
a enfin fenti l'inconféquence, puifque
la liberté d'exprimer fes fentimens,
vient d'être rendue aux Gens de Lettres
& aux Artiftes. Ils fe diftinguent à l'envi,
& c'eft à qui célébrera plus dignement
M. DE VOLTAIRE. Nous partageons
leur zèle, fans avoir leur talent, & nous
croyons devoir, à leur exemple, payer
aujourd'hui notre tribut d'admiration &
de reconnaiffance à la mémoire d'un
homme qui a fi bien mérité de fa Patrie
& du genre humain.

LA MORT
DE
VOLTAIRE.
ODE.

APrès les plus beaux jours que d'épaisses ténèbres
Du Globe en un moment viennent changer le sort,
Et que de nations jettent des cris funèbres
    Lorsqu'un seul homme est mort !

Quoi ! ta perte remplit & consterne la terre,
Tout l'Univers se trouble au bruit de ton trépas,
Et la France se tait, ô sublime VOLTAIRE,
    Quand tu meurs dans ses bras !

Génie universel, cœur sensible, ame tendre,
Qui pourrait étouffer la voix de mes douleurs ?
Elle éclate, & mon zèle ose couvrir ta cendre
  De larmes & de fleurs.

Quoiqu'indigne de toi, mon faible & juste hommage
Peut trouver grace aux yeux des peuples consternés;
Les tourmens que j'éprouve, hélas! sont le partage
  De tous les cœurs bien nés.

La mort d'un si grand homme est-elle une infortune
Que l'homme vertueux apprenne avec dédain ?
Il gémit d'autant plus que sa perte est commune
  A tout le genre humain.

Je vous vois accablés de cette perte immense,
O vous, de sa vieillesse appui consolateur,
Ses enfans, ses amis, vous, dont sa bienfaisance
  Assurait le bonheur. (1)

Guidé par son Génie à la rive féconde
Où VOLTAIRE enchainait vos jours délicieux,
Je vis & j'entendis la merveille du monde
  Et le rival des Dieux.

Près de ces monts altiers qui dominent les nues,
D'où le Rhône & le Rhin roulent avec fracas,
Vénus, les jeux, les ris, les graces ingénues
    Accompagnaient ses pas.

Les mortels attirés par les sons de sa lyre
Revoyaient tout l'éclat qui marqua ses beaux jours;
Soit qu'il se plût encore à folâtrer & rire
    Entouré des Amours;

Soit que, bravant les sots, sa voix persuasive
Embellit la raison de charmes plus puissans;
Ou soit que Melpomène, à lui plaire attentive,
    Lui prêtât ses accens.

Du plus noble transport sa grande ame enflammée
Au bonheur de la terre intéressait les Rois;
Et ses bienfaits sans nombre ont de la renommée
    Épuisé les cent voix.

Combien de fois touché des pleurs de l'innocence
Ne la ravit-il pas aux coups de l'oppresseur!
Il fléchissait l'orgueil, la force, l'opulence,
    Surpris d'avoir un cœur.

Ce nouvel Amphion élevant des asyles
A l'innocent proscrit, au Commerce, aux beaux Arts,
Transformant les déserts en des hameaux fertiles (2)
    Enchantait mes regards.

Les Monts, les Lacs, les Bois & toute la nature
S'asservissaient sans peine à ses vastes desseins.
Pouvaient-ils résister à la main libre & sûre
    Qui changeait les humains !

Tel le fier Prométhée aux flammes du tonnerre
Malgré Jupiter même, allumant son flambeau,
D'une profonde nuit vint délivrer la terre
    Et l'homme du tombeau.

Ou tel, disciple heureux de la Philosophie,
Souverain pacifique, & modèle des Rois,
Penn vit, dans les forêts, naître Philadelphie,
    A l'ombre de ses Loix.

Ferney, Delphes nouveau, fameux par tes oracles,
A quels Dieux tout puissans ton bonheur est-il dû ?
Un homme, un homme seul a fait tous ces miracles,
    Hélas ! tu l'as perdu !

Ah ! devait-il quitter ton séjour plein de charmes,
Où la parque peut-être, en prolongeant ses jours,
N'eut pas ouvert si-tôt une source de larmes
  Qui coulera toujours !

Père de ses Vassaux, sensible à leurs caresses
Il n'a pu de leurs bras s'arracher sans pitié ;
Mais il obéissait à deux enchanteresses,
  La Gloire & l'Amitié.

L'Amitié suit de près l'Amour & la Nature,
Et trop souvent comme eux obscurcit ses attraits ;
A nos félicités sa main naïve & pure
  Mêle encor des regrets !

On la vit, pour VOLTAIRE en ses dons incertaine,
Accomplir à la fois & tromper ses desirs ;
Soixante ans Génonville a prolongé sa peine,
  D'Argental ses plaisirs. (3)

Pouvait-il moins se rendre à la voix magnanime
De la Gloire, autre Fée, idole des grands cœurs,
Promettant dans Paris à son amant sublime
  Les plus rares honneurs ?

O transports inouis de joie & de tendresse !
O triomphe ! ô bonheur ! que ne puis-je en mes vers,
Avoués cette fois des Nymphes du Permesse
    Vous peindre à l'Univers !

Ce jour, ce jour fameux où couronnant VOLTAIRE,
Sa Patrie a payé soixante ans de succès,
Accroîtra le respect & l'amour de la terre
    Pour l'empire Français.

Mais quel affreux revers succède à tant de joie !
O Mort, suspends tes coups peut-être irrésolus....
Elle est sourde à nos cris, elle fond sur sa proie ;
    Le grand Homme n'est plus.

Il n'est plus ; c'en est fait ! pour nous, comme un vain songe
Le bonheur de le voir a pu s'évanouir ;
Et la douleur amère où sa perte nous plonge
    Jamais ne doit finir !

L'Univers retentit de ce coup effroyable ;
Je vois les plus grands Rois avec nous le pleurer ; (4)
Et tout ce que la Terre a de plus respectable
    Gémir & soupirer.

                            FRÉDERIC.

FRÉDÉRIC, CATHERINE ! ô Noms que je révère,
Et que le monde entier à jamais doit chérir,
Vous brillerez toujours près du nom DE VOLTAIRE,
  Dans le vaste avenir.

Déployant chaque jour une force nouvelle
Vos rayons & les siens, par leur accord heureux,
Détromperont la Terre & banniront loin d'elle
  Les préjugés affreux. (5)

Vous mêlez vos regrets aux larmes du Parnasse
O Minerve du nord, ô nouvel Apollon !
Dans un seul homme il perd Sophocle, Homère, Horace,
  Et Tacite & Platon.

Les Français trop heureux, épris de son génie,
Sur ce Vieillard encor fondaient tout leur orgueil,
Mais d'Atropos enfin la main les humilie,
  En ouvrant son cercueil.

O jour de l'infamie, ô crime sans exemples !
Qui te fait, tout à coup, ternir des jours si beaux ?
VOLTAIRE après sa mort est rejeté des Temples
  Et même des Tombeaux !

On l'insulte, on le brave, au moment qu'il expire ;
On corrompt ce qu'il fit ; on tait ce qu'on lui doit ;
La France, avec dédain, semble tout bas souscrire
    Aux affronts qu'il reçoit.

Trop souvent la Patrie au mérite vulgaire,
Au frivole étranger prodigua son encens,
Et bannit de son sein, plus marâtre que mère,
    Ses plus dignes enfans.

Quoi ! lorsqu'il règne en paix sur les bords du Permesse,
Nous traitons à Paris comme les criminels
Le Chantre de la France, à qui jadis la Grèce
    Eut dressé des autels !

Rome osait élever dans l'empire céleste (6)
Des conquérans haïs & craints de toute part ;
Soldats, dont les succès & la grandeur funeste
    N'étaient dûs qu'au hasard.

VOLTAIRE, ces Brigands célébrés dans l'Histoire
Pour avoir asservi nos tranquilles aïeux,
En les abrutissant croyaient trouver la gloire
    Et devenir des Dieux.

Ils traînaient après eux l'ignorance profonde ,
L'imposture , la fraude & la crédulité ;
Ils ont fondé l'erreur sur les débris du monde ,
  Et toi , la vérité.

Ils n'étaient rien par eux ; tu fus ton propre ouvrage ;
De crimes & de sang s'ils ont souillé leurs mains ,
Tes seuls bienfaits , peut-être , ont réparé l'outrage
  Qu'ils ont fait aux humains.

O sainte humanité , trop long-temps ignorée ;
Première des vertus , console les mortels ;
A VOLTAIRE sur-tout , dans l'Europe éclairée
  Tu devras tes autels.

Aux lieux qui l'ont vu naître il te laisse affermie ;
La tolérance y règne..... & mon aveugle ardeur
Accusait les Français de couvrir d'infamie
  Ce qui fait leur splendeur !

Où me jetaient mon trouble & ma douleur extrême !
Tout dément dans mon cœur ces transports violens.
Oui, la France en nos jours, non moins qu'Athènes même,
  Honore les talens.

Le Chantre de Henri qui dans son sein expire,
Pouvait-il en mourant voir ses lauriers flétris,
Quand le goût, la raison fleurissent sous l'empire
  Du jeune Sésostris ? (7).

La modeste vertu, la beauté sur le trône,
Raniment à l'envi les Arts dans l'abandon,
Et placent près des lys les lauriers de Bellone
  Avec ceux d'Apollon.

Eh ! quel monstre, Voltaire, a donc bravé ton ombre ?
Méconnaît-on ses coups saintement furieux ?
Ce cilice trompeur, ce fer, ce voile sombre
  Étendu sur ses yeux ?

Ah ! c'est le Fanatisme ! oui, sa rage expirante
Veut se repaître encor & de sang & de pleurs,
Mais l'Univers enfin, grace à ta voix puissante,
  Ne craint plus ses fureurs.

Ta gloire s'embellit par son absurde outrage.
Le monstre ne voit pas dans sa férocité,
Que ton Nom plus chéri s'en ira d'âge en âge
  A la postérité.

Née au sein de la fange, une vapeur grossière
S'élève, & du Soleil veut éclipser les traits.
Cet Astre la dissipe, & poursuit sa carrière
   Plus brillant que jamais.

Je vois s'accroître ainsi ta lumière immortelle;
La Superstition veut en vain la ternir;
La voix de la raison parlera plus haut qu'elle
   Aux siècles à venir.

Aux pieds de ta Statue un peuple aimable & juste
Consacrera le jour, où, dédaignant les Cieux,
Apollon, les neuf Sœurs de leur couronne auguste
   T'ornèrent à nos yeux.

Mais pourquoi fallait-il, en ce jour mémorable,
Moins sensible à tes ans qu'à l'excès du plaisir,
Répondre à nos transports par ce cri lamentable :
   Vous me ferez mourir.

Peut-être qu'en effet tu ne dus pas survivre
A ce triomphe unique & si bien mérité ;
Et sans doute à ce prix chacun voudrait te suivre
   Sur les bords du Léthé.

Dans leurs bras l'Amitié, la Sagesse & la Gloire
Te portent doucement au tranquille tombeau.
Tu meurs comme Turenne au sein de la victoire ;
  Quel destin fut plus beau ?

Que dis-je ! il valait mieux que tes mains tutélaires
Fussent encor long-temps l'appui des malheureux ;
Et que ton cœur ouvert aux larmes de nos pères,
  Accueillît nos neveux.

Avec vos attributs, vous qui le fîtes naître
Et dont peut-être enfin vous deveniez jaloux,
Impitoyables Dieux ! ne devait-il pas être
  Eternel comme vous !

Mes cris sont superflus. Ma plainte audacieuse
Ne peut changer l'arrêt par les destins porté.
Tout expire, tout cède à la loi rigoureuse
  De la nécessité.

Sur un marbre funèbre, au moins dans mes retraites,
Je puis graver en paix, loin des hommes cruels,
Ces mots, des Nations fideles interprêtes:
  AU PLUS GRAND DES MORTELS.

Là, je verrai ces fleurs, d'elles-mêmes écloses,
Dont VOLTAIRE, en tous lieux, était environné,
Croître aux pieds des Lauriers, des Myrthes & des Roses
    Dont il fut couronné.

Arbres, qui de son ombre embellissez l'asyle,
Dérobez-le aux regards de l'Envie en fureur;
Et soyez respectés, comme ceux de Virgile,
    Par le Temps destructeur (8).

Vous serez arrosés dans ce Temple champêtre
Des pleurs de la Vertu, des beaux Arts, des Talens,
Qui viendront quelquefois y soupirer, peut-être,
    Mes douloureux accens.

NOTES.

(1) Vous, dont fa bienfaifance affurait le bonheur.

On invoque ici le témoignage de Madame *Denis*, nièce de M. de VOLTAIRE, & fa fidèle compagne pendant plus de vingt-cinq années; de Madame la Marquife de *Villette*, qu'il regardait comme fa fille; de fes amis qui ont fait quelque féjour à Ferney, & de tous fes Vaffaux. L'Auteur ne fait qu'exprimer ce qu'il tient d'eux-mêmes & ce qu'il a vu de fes propres yeux.

(2) Transformant les déferts, &c.

M. de VOLTAIRE, poffeffeur de plufieurs terres dans le Pays de Gex, prefqu'entiérement incultes & défertes lorfqu'il en fit l'acquifition, y fonda en peu de temps de riches Colonies. On vit ce nouvel Apollon abandonner fa Lyre & quitter l'Olympe pour élever des édifices, deffécher des Marais, abattre des Forêts & jeter les fondemens d'une Ville. Ses bienfaits firent bientôt fleurir près de lui la population, l'Agriculture, le Commerce, & Ferney, qui n'était qu'un chétif Hameau, eft aujourd'hui un Bourg affez confidérable, où le travail, l'aifance & la liberté femblent avoir fixé le bonheur. Les perfonnes les plus diftinguées y arrivaient de tous les pays, pour connaître & admirer l'Auteur de tant de prodiges.

Il fallait voir Ferney pour avoir vu l'Europe,

A dit très-heureufement un jeune Poëte plein d'efprit & de talent; & il faut ajouter que l'accueil qu'on y recevait, infpirait autant de refpect & de tendreffe pour la perfonne de M. de VOLTAIRE, que l'on avait d'admiration pour fes ouvrages. Madame *Denis*, qui fecondait fi bien fes intentions, mérita auffi l'eftime & la reconnaissance de tous ceux qui allaient rendre hommage au plus grand homme du siècle.

(3) D'Argental ses plaisirs.

Personne n'a peut-être mieux chanté & plus cultivé l'Amitié que M. VOLTAIRE. Il en a connu tous les charmes ; mais il faut avouer qu'elle répandit aussi bien de l'amertume sur ses jours. Il eût le malheur, étant encore très-jeune, de perdre plusieurs de ses intimes amis, entre autres M. de *Genonville*, dont il ne parla jamais depuis sans regret & sans attendrissement. Qui ne connaît ce beau monument de sa douleur ?

> Toi que le Ciel jaloux ravit dans son Printemps,
> Toi, de qui je conserve un souvenir fidèle,
> Vainqueur de la mort & du temps ;
> Toi, dont la perte, après dix ans,
> M'est encore affreuse & nouvelle, &c.

La mort du Président *de Maisons*, celle de la Marquise *du Chatelet*, ne lui coûtèrent pas moins de larmes. D'un autre côté, M. de VOLTAIRE eut l'avantage de ne pas survivre à plusieurs de ses anciens amis, dont le commerce, pendant soixante années, a dû lui rendre moins insupportables les pertes qu'il avait faites. De ce nombre sont Madame la Marquise *du Deffant*, M. le Comte *d'Argental*, M. le Maréchal de *Richelieu*, &c. & dans la suite il acquit encore des amis non moins chers à son cœur, tel que M. *d'Alembert*, &c.

(4) Je vois les plus grands Rois avec nous le pleurer.

Les plus illustres Souverains qui ont régné dans ce siècle ont témoigné à M. de VOLTAIRE un attachement bien honorable pour les Lettres. On distingue parmi eux le Roi STANISLAS de Pologne, le Pape BENOIT XIV, la MARGRAVE de Bareith, & sur-tout FRÉDÉRIC le Grand, Roi de Prusse, & l'Impératrice de Russie CATHERINE II. Leur correspondance avec un Philosophe solitaire serait un monument bien précieux pour la postérité. Nul autre sans doute ne pourrait lui être comparé, soit dans l'antiquité, soit chez les modernes; car les Lettres qui nous restent de l'Empereur JULIEN aux Philosophes *Maxime*, *Porphire*, *Jamblique*, *Libanius*, &c. ne sont qu'en très-petit nombre ; & quoique fort intéressantes, elles n'approchent pas du Recueil dont nous parlons.

(5) *Les préjugés affreux.*

Il n'est pas douteux que les règnes de CATHERINE & de FRÉDÉRIC, époques mémorables de la gloire & du bonheur de leurs nations, ne contribuent un jour à la félicité des autres peuples, & que les Rois ne sentent enfin la nécessité de suivre de si grands exemples. Que l'on compare l'état ancien & l'état actuel de la Prusse & de la Russie, que l'on se rappelle tout ce que FRÉDÉRIC & CATHERINE ont fait de grand & d'utile pour leurs sujets, ce qu'ils font encore tous les jours, ce qu'ils ont acquis de gloire & de considération au dedans & au dehors, avec quelle sagesse ils ont réformé les loix, détruit les abus de la Jurisprudence criminelle, éteint le germe de toutes les querelles Théologiques qui dégénèrent trop souvent en guerres civiles, en admettant chez eux une entière liberté de conscience, liberté qui est la base la plus solide de la prospérité des Etats, & la garde la plus sûre de la personne des Souverains, & l'on sera convaincu de la vérité de ce grand mot de *Platon* (*), si souvent répété par le divin MARC-AURÈLE : *Beatam esse Rempublicam si aut Philosophi regnarent, aut Reges philosopharentur.* Heureux les Etats qui auraient des Philosophes pour Rois, ou des Rois Philosophes !

(6) *Rome osait élever dans l'Empire céleste*, &c.

Si les Romains n'avaient décerné les honneurs de l'Apothéose qu'à ceux de leurs Empereurs dont la mémoire est encore chère à tous les hommes, & qui se sont illustrés par leurs vertus & leur génie autant que par leurs talens Militaires, comme les ANTONINS, les

(*) *Libri de Republ. Dial. 5 & Epist. VII.*

TRAJAN, les TITUS, & même ce JULIEN, restaurateur de l'Empire, vengeur & bienfaiteur de la Gaule, Littérateur, Philosophe & Guerrier, défenseur zélé de l'ancienne Religion de Rome triomphante, & de ses pères; (car on ne peut se dissimuler que ce qui fait son crime aux yeux de certaines gens, & ce qui donna lieu à toutes les calomnies puériles des Ecrivains du moyen âge, ne dût être une de ses principales vertus aux yeux des Païens.) Si les Romains, dis-je, n'avaient bâti des Temples qu'à de tels hommes, on serait tenté peut-être de pardonner leur idolâtrie, parce qu'assurément ces Héros valaient beaucoup mieux que ce qu'on révérait dans l'antiquité sous le nom de *grands Dieux*; (*dii majores* ou *majorum gentium*) mais à la honte du nom Romain, ces récompenses étaient accordées aux usurpateurs, aux scélérats de toute espèce, aux monstres souillés du sang de toute leur famille, comme aux bienfaiteurs du genre humain; & l'Apothéose qui, dans l'origine, n'était que le prix des vertus ou des services signalés rendus à la patrie, devint dans la suite un usage ridicule renouvelé à la mort de chaque Empereur.

Au reste, la populace qui est par-tout & en tout temps la même, pouvait croire de bonne foi à ces Dieux, grands, moyens & petits, & adorer leurs statues; mais on doit-être bien convaincu que tous ceux d'entre les Grecs & les Romains qui avaient cultivé leur raison, se moquaient en secret de la superstition du peuple. Leur Religion était bien différente. Ils ne révéraient en effet qu'un seul Dieu, un seul Être suprême, intelligent, & inconnu. Ils avaient assez de sagesse pour n'entreprendre point de le définir ou de le dépeindre. C'était la Doctrine qu'on enseignait aux initiés dans les mystères d'*Eleusis*. Une infinité de passages des Auteurs anciens prouve qu'ils n'étaient rien moins qu'Idolâtres.

(7) *Du jeune Sesostris.*

Tout le monde connaît la jolie pièce de vers de M. de VOLTAIRE, intitulée: *Sesostris*; allégorie dont la justesse devient plus sensible de jour en jour.

(8) *Par le temps destructeur.*

On prétend que le Laurier qui croît sur le tombeau de Virgile, près de Naples, y est né spontanément, & conserve sa première vigueur depuis près de deux mille ans. Cette fiction des Napolitains paraît être beaucoup plus goûtée de toute l'Europe que celle de leur *San-Gennaro*. Elle nous rappelle ces vers de M. de Voltaire, présentés autrefois au Roi de Prusse par Madame la Margrave de Bareith, sa sœur, avec une branche de Laurier.

Au tombeau de Virgile un immortel Laurier
De l'outrage des temps seul a pu se défendre
   Toujours vert & toujours entier.
Je voulais le cueillir & n'osais l'entreprendre.
Prévenant mon effort je l'ai vu se plier,
   Et cette voix s'est fait entendre :
» Approche, auguste sœur, du rival d'Alexandre,
» Fréderic de ma Lyre est le digne héritier.
» J'y joins un nouveau don que lui seul peut prétendre;
» Déjà son front par Mars fut cinq fois couronné;
» Qu'aujourd'hui, par ta main, il soit encor orné
» Du Laurier qu'Apollon fit naître de ma cendre. »

www.ingramcontent.com/pod-product-compliance
Lightning Source LLC
Chambersburg PA
CBHW060917050426
42453CB00010B/1769